Je prends soin de... ma nouvelle perruche

Alejandro Algarra / Rosa M. Curto

Broquet Jeunesse

97-B, montée des Bouleaux,
Saint-Constant, Qc, Canada J5A 1A9
www.broquet.qc.ca info@broquet.qc.ca
Tél. : 450 638-3338 Téléc. : 450 638-4338

Un cadeau d'anniversaire fantastique !

Alice est une fille très curieuse et une grande passionnée des animaux. Pour son huitième anniversaire, elle avait demandé une perruche en cadeau, comme celle qu'elle a vue dans la maison de son ami. Elle a très hâte au grand jour et elle imagine à quoi sa nouvelle amie bavarde ressemblera.

La maison en premier

Son anniversaire arriva enfin et Nicolas, le petit frère d'Alice, mena sa sœur par la main à la salle de séjour. « N'ouvre pas encore tes yeux ! » dit Nicolas. Quand ils atteignirent la salle de séjour et qu'Alice ouvrit les yeux, elle vit une grande cage à oiseaux sur la table. « D'abord, nous devons préparer leur maison, dit sa maman. Nous serons bientôt capables de réunir ses nouveaux résidants. » « Résidants ? » demanda Alice. « Oui, à l'animalerie, ils nous ont conseillé d'acheter deux ou trois perruches pour qu'elles ne se sentent pas seules. » « Hourra ! » crièrent Alice et Nicolas.

À propos de la cage

Alice et Nicolas s'amusèrent à préparer
les choses nécessaires pour la cage :

- La cage est plutôt grande. Elle est faite de métal avec des barreaux horizontaux. Il y a assez d'espace pour une paire de perruches. Elle a deux portes.
- Le plancher est muni d'une grille métallique qui sépare les perruches de leurs excréments et des restes de nourriture qui peuvent tomber. Un plateau amovible permet de changer le papier lorsque nécessaire.
- Il y a une mangeoire pour chaque oiseau accrochée à l'intérieur de la cage. Deux ou trois petits bols pourraient aussi être utilisés.
- Des abreuvoirs en forme de tube empêchent l'eau de se salir.
- Perchoirs : Deux barres en bois non verni sont placées côte à côte dans la cage, à des hauteurs différentes et assez espacées pour que les oiseaux puissent voler d'une à l'autre.
- Jouets.

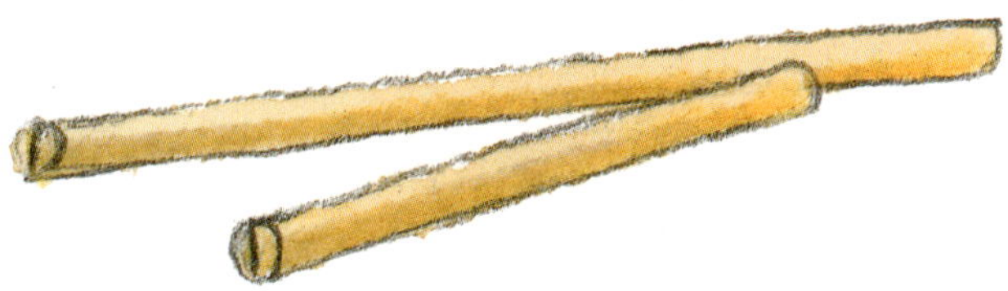
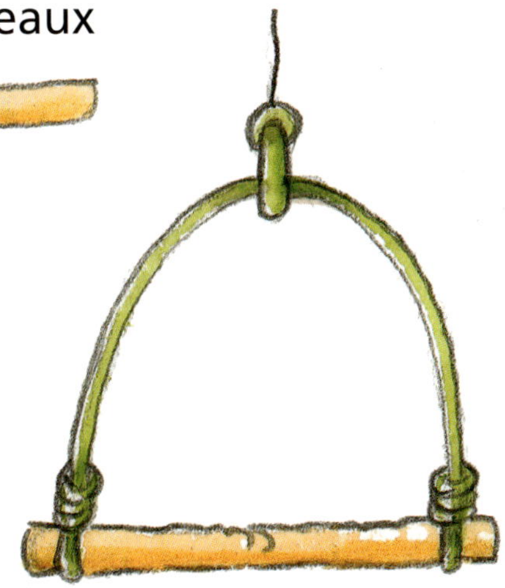

Allons à l'animalerie !

La famille d'Alice et Nicolas va toujours à une boutique d'animaux digne de confiance, où elle sait que l'on s'occupe bien des animaux et qu'elle peut compter sur le conseil des employés.

Enfin, Alice est devant la cage où les perruches attendent de rencontrer leurs nouveaux propriétaires. Alice demande à Nicolas de l'aider à en choisir une. « Tu dois chercher des perruches attentives et propres qui ont un plumage bien lisse. » « Regarde celle-ci, dit Nicolas, l'aimes-tu ? » « Oui ! répondit Alice. Et je voudrais l'autre là-bas, sur le perchoir au-dessus du tien. »

À quoi ressemblent les perruches ?

La perruche que Nicolas a choisie est très jolie. Elle a des plumes bleues sur le ventre et la poitrine et des plumes noires, blanches et bleues sur les ailes et la tête et une face blanche. Dans le magasin, on a dit aux enfants que c'était un mâle. Son nom est Charlot.

Celle qu'Alice a choisie est différente. Sa poitrine et son ventre sont verts, ses ailes ont des touches noires et jaunes et sa tête jaune a des rayures noires. Elle a aussi une petite marque bleue de chaque côté de la tête. C'est une jolie femelle et son nom est Polie.

Les premiers jours

Charlot et Polie passèrent leurs premières journées dans la cage, laquelle était prête deux jours avant leur arrivée. La cage fut placée dans un endroit bien éclairé, loin de la cuisine, des courants d'air et des appareils comme la télévision ou la chaîne stéréo. Naturellement, les perruches furent effrayées pendant quelques jours et quand Alice mit doucement sa main dans la cage pour la nettoyer et changer la nourriture, elles devinrent très nerveuses. Elles oublieront bientôt leur peur et s'habitueront à la présence et à la voix de tous les membres de la famille.

Regarde comme elles aiment jouer !

Les perruches sont des oiseaux très intelligents. Chacune a sa propre personnalité. De nature, elles sont curieuses et aiment jouer et picorer les objets autour d'elles. Nicolas et Alice ont placé deux ou trois balançoires dans la cage sur lesquelles les perruches peuvent grimper et même dormir. Elles aiment faire sonner les petites clochettes que les enfants ont accrochées à l'un des perchoirs. Leur papa a aidé les enfants à faire une corde à nœuds accrochée au toit de la cage. Polie et Charlot grimpent sur la corde et la picorent. Chaque mois, les enfants placent de nouveaux jouets dans la cage pour que les perruches ne se lassent pas de jouer.

La nourriture

Alice sait déjà ce qu'elle devrait toujours placer dans chaque mangeoire : une poignée de graines mélangées et quelques granules nutritives. Les perruches aiment manger des fruits et des légumes frais que les enfants placent entre les barreaux. Au début, elles n'étaient pas très intéressées, mais elles s'y habituèrent et maintenant elles les adorent.

Les enfants lavent toujours les fruits et les légumes avant de les donner aux perruches. Ils ont également ajouté de la seiche à manger afin que leurs os soient toujours en santé.

Légumes frais

OUI

Fruits frais

Poire

Pomme

Graines

NON

Agrumes

Oignons

Pommes de terre

Persil

TOXIQUE

Avocat

Chocolat

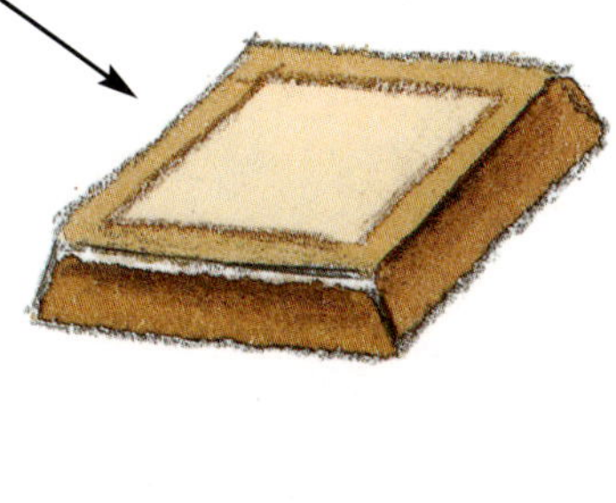

La propreté est très importante

Alice et Nicolas tiennent toujours la cage de Charlot et Polie propre. Chaque semaine, ils changent le journal dans le plateau et nettoient celui-ci à fond. Ensuite, après les avoir nourris, ils enlèvent tous restes de fruits et légumes de la cage et des barreaux. Ils nettoient les perchoirs avec une éponge humide chaque fois qu'ils sont sales.

Ils essuient aussi les barreaux avec l’éponge.
Ils changent l’eau potable quotidiennement
pour qu’elle soit toujours propre.

Une preuve d'amitié

Comme toutes les petites perruches, Polie et Charlot aiment avoir de la compagnie. C'est comme si elles ne pouvaient pas vivre l'une sans l'autre. Quand elles mangent, elles aiment se passer des morceaux de nourriture de bec à bec. Elles s'aident également à maintenir leur plumage propre. Elles se grattent avec leur bec, particulièrement sur le cou.

Quand elles sont tranquilles, elles passent beaucoup de temps à être affectueuses et à se lisser les plumes l'une l'autre. Elles le font souvent avant de s'endormir ensemble sur le perchoir. Alice éteint la lumière dans la pièce : il est temps de dormir !

L'heure du bain !

Alice place un contenant servant de bain à l'intérieur de la cage. Elle ajoute un peu d'eau chaude, environ 2 ou 3 cm. Il n'y a rien d'autre dans l'eau : il est important de ne pas utiliser du savon ou du parfum.

Polie aime l'idée. Curieuse, elle inspecte le bain et saute immédiatement à l'eau, ouvrant son plumage. Cela lui fait particulièrement du bien parce qu'elle mue et que cela démange.

Par contre, Charlot n'est pas aussi convaincu et préfère ne pas entrer. Alice trouve une solution pour lui : elle le vaporise avec l'eau, comme la pluie.

Elles volent !

Aujourd'hui, les perruches auront beaucoup de plaisir : pour la première fois, elles auront la permission de voler autour de la pièce et examineront tout. D'abord, Alice ferme toutes les fenêtres pour qu'elles ne puissent pas s'échapper et ensuite elle tire les rideaux pour qu'elles ne se heurtent pas aux fenêtres. Les enfants ouvrent les portes de la cage et Charlot est le premier à sortir sa tête et à aller à l'extérieur. Il vole autour de la pièce deux ou trois fois et atterrit ensuite sur le dessus d'un meuble. Polie sort ensuite et, après avoir volé pendant un bout de temps, se pose sur la tringle du rideau. Elles sont tellement heureuses !

De bons amis

Alice veut que ses perruches aient confiance en elle et qu'elles viennent sans crainte sur ses mains. Polie et Charlot se sont habitués à voir ses mains entrer dans la cage pour leur donner à manger et pour la nettoyer et ils ne sont plus effrayés. Alice leur offre un morceau de pomme, leur mets préféré, avec sa main à l'intérieur de la cage. Elles sont d'abord surprises et n'osent pas approcher.

Chaque jour, Polie semble plus courageuse et un jour elle prend le morceau de pomme. Le jour suivant, elle grimpe sur les doigts d'Alice pour le prendre. Petit à petit, elle oublie ses craintes et maintenant elle grimpe presque toujours sur la main. Il fallut plus de temps à Charlot, mais il apprit finalement à le faire aussi.

Apprends-leur à parler

Nicolas aimait écouter parler les perruches. Ainsi, chaque fois qu'il était avec elles, il répétait quelques mots pour voir si elles pouvaient les apprendre. Par exemple, chaque fois qu'Alice apportait de la nourriture, Nicolas disait « Salut, salut ! »

Un jour, quand tout le monde était dans la salle à manger, Nicolas passa près de la cage des perruches et il entendit Charlot dire quelque chose. Il s'approcha tout près et l'entendit répéter le mot SALUT. Quelle joie ! Nicolas comprit deux choses : que la perruche pouvait parler et qu'elle avait faim !

Les meilleurs soins

Alice est contente de ses perruches. Elle est fascinée par leurs couleurs, leur intelligence et à quel point elles sont affectueuses. Quelle joie quand elle passe près de la cage et qu'elles l'appellent ! Elles s'approchent des barreaux où elles peuvent la voir, en faisant des petits pas avec leurs griffes sur le perchoir et, parfois, elles sifflent même pour montrer leur affection. Nicolas a aussi beaucoup de plaisir avec ces animaux de compagnie. Il aime observer comment elles se caressent et « se donnent des petits bizous » comme il dit.

Charlot et Polie sont aussi très à l'aise dans leur maison parce que les enfants s'occupent très bien d'elles. Ils les gardent propres et leur donnent beaucoup d'affection.

Un jouet

Il est facile de faire des jouets pour tes perruches. Tu peux les adapter à leurs goûts et aussi, pour un petit prix, tu peux leur offrir souvent des nouveaux jouets pour qu'elles ne perdent pas leur intérêt. Utilise ton imagination et par-dessus tout, utilise le matériel qui n'est pas nuisible pour tes animaux de compagnie. Les perruches aiment tout grignoter. Confectionne un jouet pour mordre et grimper qui sera aussi attirant à cause de ses couleurs.

Matériel

Grosses perles de bois (préférablement non peintes)

Perles de couleur (elles peuvent aussi être faites de plastique dur)

Ciseaux

Carton

Corde de coton ou de sisal ou un lacet de soulier (propre)

Instructions :

1. Coupe des cercles et des carrés de carton, sans bord saillant. Fais un petit trou au centre de chaque pièce.
2. Fais un nœud à une extrémité de la corde.
3. Enfile en chaîne les perles colorées et en bois ainsi que les formes cartonnées.
4. Fais un nœud à l'autre extrémité de la corde.

Tu peux ajouter des petites cloches à la chaîne ; les perruches aiment leur son. N'utilise jamais des cloches avec des perforations, car les oiseaux pourraient blesser leurs griffes si elles sont prises dans les trous.

Conseils du vétérinaire

COMMENT CHOISIR VOTRE PERRUCHE

Lorsque tu achètes une perruche, tu devrais prendre ce conseil en considération. Tu devrais choisir ta perruche parmi les oiseaux les plus gais et les plus propres de la cage. L'oiseau devrait sembler attentif et actif. Le plumage devrait être brillant et doux, sans plume « non lissée » qui dépasse. Les plumes autour du croupion de l'oiseau devraient être propres et sèches, sans aucun reste d'excrément. Tu devrais aussi vérifier l'apparence des pattes, des griffes et du bec. Le bec devrait avoir une forme normale et avoir des narines sèches et propres.

LES CARACTÉRISTIQUES DES PERRUCHES

Les perruches vivent en grands groupes dans leur habitat naturel. En outre, elles choisissent leur partenaire pour la vie. Ainsi, il est recommandé d'acquérir au moins deux perruches comme animaux de compagnie, idéalement un mâle et une femme. Si tu ne veux pas qu'elles se reproduisent, ne leur fournit tout simplement pas de nichoir. Il est aussi possible d'avoir une paire de mâles sans aucun problème. Il est plus difficile de garder une paire de femelles puisqu'elles peuvent se battre. Plusieurs caractéristiques servent à distinguer les deux sexes sur des oiseaux adultes, comme la couleur du mandibule inférieur (la partie inférieure du bec). Il est habituellement bleu chez les oiseaux mâles et de rose au brun gris chez les femelles. Cependant, parmi de très jeunes perruches, ces différences sont à peine visibles. Si tu n'es pas sûr, tu peux demander de l'aide dans le magasin ou auprès d'un spécialiste pour déterminer le sexe des deux membres du couple. Plus jeunes sont les perruches, plus facile il sera de les dresser et de les apprivoiser. De très jeunes perruches ont une série de stries sur leur tête. La couleur de leurs yeux est aussi un bon indicateur d'âge : la couleur noire couvre l'œil entier chez les jeunes oiseaux. Quand elles vieillissent, un anneau blanc apparaît comme la partie blanche des yeux humains et grandit avec l'âge.

LA CAGE

Il est très important de choisir une bonne cage où les perruches se sentiront plus à l'aise et auront assez d'espace pour grimper et faire un peu d'exercice – plus elle est grande, mieux c'est. La taille minimale est de 45 cm sur 45 cm et 50 cm de haut. Les cages avec une base carrée ou rectangulaire sont préférables aux rondes. Elle devrait être fabriquée de métal inoxydable ; les cages en bois ne conviennent pas car les perruches risquent de les picorer et de les endommager. La distance entre les barreaux devrait être de 8 à 13 millimètres. Des barreaux horizontaux sont préférables puisque les perruches aiment y grimper. La cage devrait être d'une qualité acceptable, sans bavure sur les barreaux ou de parties qui dépassent où elles pourraient se faire mal. En ce qui concerne les portes, celles qui ouvrent latéralement ou vers le bas sont les meilleures. La cage devrait avoir plus d'une porte pour permettre l'accès par plusieurs points, ce qui est utile lors du nettoyage de la cage.

ACCESSOIRES POUR LA CAGE

Plusieurs accessoires devraient être placés dans la cage pour composer la maison des perruches. C'est important pour elles d'avoir plusieurs types de perchoirs. Elles en ont besoin d'au moins deux, de préférence faits de bois et placés à différents niveaux. Idéalement, elles devraient avoir des perchoirs de diamètres différents pour faciliter l'exercice et stimuler les muscles de leurs serres. Une autre option recommandée est d'utiliser des branches d'arbre naturelles. Elles devraient être propres et libres de pesticides : le bois de conifère résineux ne convient pas. Les jouets qui peuvent être placés dans la cage incluent des balançoires, au moins une pour chaque perruche, et des petites cloches métalliques inoxydables. Elles aimeront aussi jouer avec une corde nouée qui devrait être assez grosse pour les empêcher de s'y empêtrer. Si la corde nouée est accrochée au toit de la cage,

elles mordront la corde et y grimperont. Finalement, le plancher devrait avoir une grille et un plateau couvert de journal, lequel devrait être changé souvent.

NOURRITURE

Deux ou trois mangeoires devraient être placées pour nourrir les oiseaux; celles accrochées à l'intérieur de la cage sont préférables. Quant aux abreuvoirs, les meilleurs sont des tubes. Aucun de ces contenants ne devrait être placé directement au-dessous des perchoirs puisqu'ils finiraient pleins d'excréments. Il est recommandé de fournir aux perruches un régime varié. Elles peuvent être nourries d'un mélange de graines et de nourriture préparée (granules), ainsi que d'une variété de fruits et de légumes frais. Tu ne devrais jamais leur donner des agrumes, du persil, des pommes de terre ou des oignons. Tu ne dois, en aucun cas, leur donner des avocats ou du chocolat: tous les deux sont fortement toxiques pour eux. Avec un régime varié, elles n'ont aucun besoin d'un supplément de vitamine, sauf une source de calcium. Tu peux la leur fournir en accrochant simplement un morceau de seiche à l'intérieur de la cage.

DRESSAGE ET COMPORTEMENT

La perruche est un des oiseaux qui apprend le mieux à imiter le langage humain. Il y a une différence entre les sexes: les mâles apprennent mieux. Il est plus difficile de les faire apprendre quand ils vivent en paires, bien que ce soit mieux que d'avoir un seul oiseau. Les perruches sont dociles et apprécient la compagnie des humains. Si tu veux qu'elles grimpent sur ta main, tu dois respecter certaines règles. Tu devrais leur parler chaque jour pour qu'elles s'habituent à ta voix. Initialement, tu devrais placer ta main prudemment dans la cage et changer rapidement la nourriture et nettoyer la cage, etc. D'abord, elles battront des ailes, effrayées, et essaieront de s'échapper. Peu à peu, elles s'habitueront à ces occupations quotidiennes, à ta présence et à ta voix. À ce point, tu peux leur offrir une gâterie avec tes doigts, comme leur fruit préféré. Au début, elles ne viendront pas près, puis ensuite, elles s'approcheront timidement jusqu'au jour où elles oseront s'étirer le cou et prendront la nourriture. Après cela, elles n'attendront plus très longtemps pour grimper sur ta main. Le membre du couple qui ne l'a pas encore fait imitera bientôt l'autre. Le processus entier peut prendre de quelques jours à deux mois.

Catalogage avant publication de Bibliothèque et Archives nationales du Québec et Bibliothèque et Archives Canada

Algarra, Alejandro

Je prends soin de ma nouvelle perruche

Traduction de : *Un periquito en casa*.

Pour enfants de 4 à 8 ans.

ISBN 978-2-89654-100-3

1. Perruche ondulée – Ouvrages pour la jeunesse. I. Titre.

SF473.B8A4314 2009 j636.6'8643 C2009-940548-2

POUR L'AIDE À LA RÉALISATION DE SON PROGRAMME ÉDITORIAL, L'ÉDITEUR REMERCIE :

Le Gouvernement du Canada par l'entremise du Programme d'aide au développement de l'industrie de l'édition (PADIÉ) ; la Société de développement des entreprises culturelles (SODEC) ; l'Association pour l'exportation du livre canadien (AELC).

Le Gouvernement du Québec – Programme de crédit d'impôt pour l'édition de livres – Gestion SODEC.

Pour l'édition en langue française :
Traduction : Cécile Lévesque
Correction d'épreuves : Andrée Laprise
Infographie : Annabelle Gauthier

Dépôt légal – Bibliothèque et Archives nationales du Québec
3e trimestre 2009

Imprimé en Chine

ISBN 978-2-89654-100-3